Tengo que agradecer la paciencia de mucha gente.
K, I y N en casa y A, S y A en la editorial.
Y quiero agradecer al becario S el empuje extra que ha aportado.

Combel Editorial es un sello de Editorial Casals, SA
© Tom Schamp y Uitgeverij Lannoo nv, Tielt, 2022
Título original: *Het vrolijkste en grootste boek van alle voertuigen*
www.lannoo.com
Traducción del neerlandés: Maria Rosich

Este libro ha sido publicado con la ayuda de Flanders Literature (flandersliterature.be)

FLANDERS LITERATURE

Diseño: Tom Schamp y Studio Lannoo (Aurélie Matthys)
© 2024, de esta edición, Editorial Casals, SA
Casp, 79 – 08013 Barcelona
combeleditorial.com

Primera edición: marzo de 2024
ISBN: 978-84-1158-089-2
Depósito legal: B-15411-2023
Impreso en Polonia

Todos los derechos reservados. No está permitida la reproducción total o parcial de este libro, ni su tratamiento informático,
ni la transmisión de ninguna forma o por cualquier medio, ya sea electrónico, mecánico, por fotocopia, por registro
o por otros métodos sin el permiso previo y por escrito de los titulares del *copyright*.

el libro más divertido de todos los VEHÍCULOS

Traducción de Maria Rosich

una historia sobre ruedas del descubrimiento de la rueda a los vehículos del futuro

Tom Schamp

COMBEL

YA LLEGA EL VAPOR

La Revolución Industrial comenzó en Inglaterra hacia 1750.

En 1800 la máquina de vapor de Watt ya se utilizaba en fábricas de todo el país.

James Watt consiguió crear máquinas de vapor funcionales.

¡Ya llega el barco de vapor!

¡PARA GUSTOS, VEHÍCULOS!

¿Cuándo se inventó la plancha de vapor?

«De tal palo, tal astilla»

En 1804 se construyó la primera locomotora de vapor.

Funcionaba como una tetera.

Esta locomotora inglesa se llamaba «Elephant».

El primer tren de vapor de Europa circuló de Bruselas a Malinas en 1835.

Caballo de tiro de Brabante

Estos caballos trabajaban en el campo, la minería, las explotaciones de madera y los puertos.

«Había que poner raíles por todas partes.»

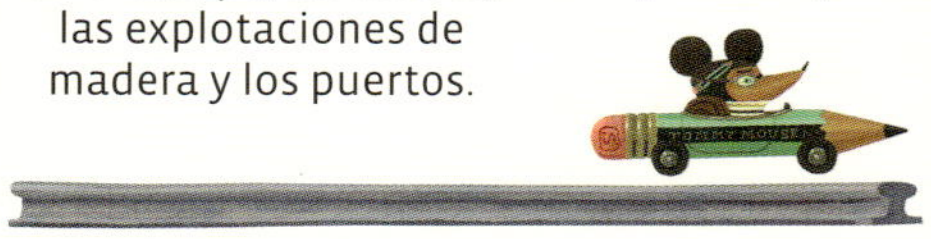

Sobre raíles metálicos se puede transportar hasta 10 veces más peso con el mismo esfuerzo.

Tranvía de caballos

Algunos trenes de larga distancia eran muy lujosos.

La mayoría de los usuarios del tren son personas que van y vienen del trabajo.

«Ir en tren siempre es como ir de viaje.»

Primera clase

Segunda clase

VEHÍCULOS DEL FUTURO

 Wheel of Fortune
 Rueda de la Fortuna
Imagine imaginair

«¿Seguro que no tienes una bola de cristal?»

El futuro es difícil de predecir...

Pero los coches serán más verdes, seguro.

NO QUEREMOS  Greenwashing
Con las apariencias no basta.

 pila

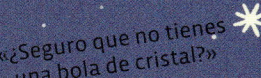

  TUTTI FRUTTI

«Vamos por buen camino.»

 Green — Dodge Veg-o-matic

 TOURBUS

Verde significa que contamina menos.

«Al final todos tendremos placas solares en el techo.»

«¿Y con qué se fabrican esos componentes?»

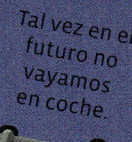

Tal vez en el futuro no vayamos en coche.

¿De dónde saldrá la electricidad?

Hocus! Focus!

 HANDS Free

BACK TO THE PAST

¿Qué haremos cuando los coches conduzcan solos?

 ¿Comer algo? GoogleCar

¿Leer el periódico?
coche autónomo
OTTOmatic

What's the WATT?

¡A lo mejor el carril bici será como una autopista!

RÁPIDO autopista para bicicletas

«¿Son todas eléctricas, ahora?»

MÁS RÁPIDO

44 Un tren bala japonés casi puede alcanzar los 500 km/h.